Zhongguo Wenhua
Zhishi Duben

中国文化知识读本

河姆渡遗址

主编

金开诚

编著

魏永康

吉林出版集团有限责任公司

吉林文史出版社

图书在版编目（CIP）数据

河姆渡遗址 ／ 李忠丽编著. －－ 长春：
吉林出版集团有限责任公司：吉林文史出版社，2009.12 （2023.4重印）
（中国文化知识读本）
ISBN 978－7－5463－1583－6

Ⅰ. ①河… Ⅱ. ①李… Ⅲ. ①新石器时代文化－文化
遗址－简介－余姚市 Ⅳ. ①K878

中国版本图书馆CIP数据核字(2009)第236863号

河姆渡遗址

HEMUDU YIZHI

主编／ 金开诚 　编著／李忠丽
项目负责／崔博华 　责任编辑／曹　恒　崔博华
责任校对／梁丹丹 　装帧设计／曹　恒
出版发行／吉林出版集团有限责任公司　吉林文史出版社
地址／长春市福祉大路5788号　邮编／130000
印刷／天津市天玺印务有限公司
版次／2009年12月第1版　印次／2023年4月第3次印刷
开本／660mm×915mm　1/16
印张／8　字数／30千
书号／ISBN 978－7－5463－1583－6
定价／34.80元

前 言

　　文化是一种社会现象，是人类物质文明和精神文明有机融合的产物；同时又是一种历史现象，是社会的历史沉积。当今世界，随着经济全球化进程的加快，人们也越来越重视本民族的文化。我们只有加强对本民族文化的继承和创新，才能更好地弘扬民族精神，增强民族凝聚力。历史经验告诉我们，任何一个民族要想屹立于世界民族之林，必须具有自尊、自信、自强的民族意识。文化是维系一个民族生存和发展的强大动力。一个民族的存在依赖文化，文化的解体就是一个民族的消亡。

　　随着我国综合国力的日益强大，广大民众对重塑民族自尊心和自豪感的愿望日益迫切。作为民族大家庭中的一员，将源远流长、博大精深的中国文化继承并传播给广大群众，特别是青年一代，是我们出版人义不容辞的责任。

　　本套丛书是由吉林文史出版社和吉林出版集团有限责任公司组织国内知名专家学者编写的一套旨在传播中华五千年优秀传统文化，提高全民文化修养的大型知识读本。该书在深入挖掘和整理中华优秀传统文化成果的同时，结合社会发展，注入了时代精神。书中优美生动的文字、简明通俗的语言、图文并茂的形式，把中国文化中的物态文化、制度文化、行为文化、精神文化等知识要点全面展示给读者。点点滴滴的文化知识仿佛颗颗繁星，组成了灿烂辉煌的中国文化的天穹。

　　希望本书能为弘扬中华五千年优秀传统文化、增强各民族团结、构建社会主义和谐社会尽一份绵薄之力，也坚信我们的中华民族一定能够早日实现伟大复兴！

目录

一、河姆渡遗址的地理位置

河姆渡遗址是中国东南沿海地区
最早的新石器时代遗址

河姆渡遗址位于浙江省余姚市，它东临宁波，西接绍兴，南依四明山，北临杭州湾。传说中的舜曾在这里驻足，王阳明、黄宗羲两位思想家也曾到过这里。

河姆渡遗址西距余姚市区 24 公里，东距宁波市区 25 公里，离东海也仅数十公里。现属余姚市河姆渡镇，已建设成河姆渡遗址博物馆和遗址生态与发掘现场模拟展区。当年发掘时，从市区到遗址，交通十分不便，乘客运汽车或火车加上步行，至少需要半天。令人难以想象的是，在历史上，河姆渡曾是东南沿海的一个重要门户和交通驿站，渡口和集市曾经也非常热闹，位于它东面 3 公里的城山渡是春秋时越国海防要塞句章城旧址，其西3公里的车厩还是越国囤积粮草军马的后方基地。

河姆渡遗址处于四明山脉北麓低山丘陵和姚江河谷平原的过渡地带，地势南高北低。河姆渡村东南芝岭山谷下流淌着一条小溪，它源于四明山区，自南向北注入姚江；自西向东流淌的百里姚江横贯遗址南部，碧绿的江水、四周青翠的田野和山陵一起构成了一幅美不胜收的山水画。遗址东面约2公里沿姚江分布有门前山、葛山、牛粪岭、羊角尖、白湖岭等一大片低

河姆渡遗址博物馆于1993年5月落成开放

河姆渡遗址的地理位置

河姆渡遗址

山丘陵。遗址区及北侧平原地势低平，地表平均海拔高程约 2.3 米，距遗址 3 公里左右的耕土层下，有大片厚薄不一的泥炭层。遗址的西部有一座海拔仅 9 米左右的小石山，当时河姆渡人即依山聚居于小山坡的东边和北面。地势由西向东略呈缓坡状。遗址分布范围长宽均 200 米左右，总面积约 40000 平

河姆渡遗址博物馆

方米，文化堆积保存良好。这就是距今七千年前河姆渡人繁衍生息的家园。

"河姆渡"这个名称，初听起来让人感觉很熟悉，但又有些陌生。"渡"就是用船过河的渡口。据学者最近考证，"河姆"两字的确切写法应该为"亥木"。河姆渡村是河姆村和渡头村的合称，均位于风景

河姆渡遗址

如画的四明山麓的宁绍平原，流经平原的姚江将河姆村与渡头村一分为二。河姆渡村原称黄墓市，这个名字的由来，首先跟秦末汉初一位叫夏黄公的隐士有关。《史记·留侯世家》中记载，秦朝末年，夏黄公与东园公、甪里先生、绮里季三位名士一起隐居于南山，四个人都八十多岁，鹤发童颜，声名远播，因而在历史上留下了"商山四皓"的美名。其中，夏黄公是最德高望重的，后来因为不满朝政，躲避在甬东，死后被安葬在姚江南岸的覆船山。后世慕名来拜祭的人络绎不绝，此山也渐渐被称为黄墓山。自汉朝以来，这里再一次热闹繁忙起来，成为山民、商贾往来的必经之地，黄墓市之名也渐渐传遍四方。后来，为方便跨江往返的百姓，在姚江北岸设立渡口，名为"黄墓渡"，渡口凉亭内一块清乾隆五十一年立的"黄墓渡茶亭碑"可以作证。因为这个地方临近姚江，加上当地方言中"黄墓"两字的发音与"河姆"相近，长期以讹传讹，到清末，"河姆渡"这个不同寻常的名称也就习惯成自然地传开了。

黄墓渡茶亭碑

河姆渡遗址的地理位置

二、曲折神奇的发现过程

河姆渡是中华文明
的发祥地之一

（一）历史竟惊人的相似

18 世纪中叶的一天，一群意大利农民在维苏威火山脚下费力地开挖一条水渠，却意外地从泥土中翻出了闪闪发亮的金币、陶器和雕琢过的大理石碎块，由此揭开了持续至今的长达几个世纪的疯狂掘宝活动和大规模的科学考古工作的序幕。在此期间，既有人在古罗马的废墟上一夜暴富，也有人从业余的盗宝者锻炼成名垂青史的职业考古家，更使千年庞贝变为考古和旅游的圣地。

河姆渡村的北边有一条叫姚江的大河。1973 年 6 月，白天烈日炎炎，晚上蚊子肆虐。村民们计划在雨季到来之前，在一个低洼处建排涝站，就在挖到 1 米多深的时候，遇到了麻烦。在挖出的湿软淤泥中夹杂着很多"石头、瓦片、骨头和木头、树枝条"等黑糊糊的东西。由于杂物太多，影响了施工，但这也引起了当地人们的议论和猜测。当时河姆渡村所属的罗江公社的副主任罗春华在检查施工进展时发现了这一特殊情况，他发现这些碎石块好像是有人加工过的，具有一点相关知识的他马上意识到这些是古代文物，并在现场作出妥当的安排，同时尽快把这个消息报告给了余姚县文化主管部门，随即，消息又汇报给了浙江省文物管理委员会。省文物部门领导马上通

河姆渡遗址发掘现场

曲折神奇的发现过程

河姆渡史前文化发现处

知正在宁波出差的工作人员顺便带一些刚出土的文物标本回杭州。看了令人惊讶的实物以后，他们当即拍板派人火速进行考古试发掘。稍作准备之后，由省博物馆汪济英等专家组成的"抢救"小组赶到了100多公里外的施工现场。如果换成现在，这么近的距离，一两个小时就可以到达，可在30年前，却花了整整一天。光是从余姚县城到工作现场这短短的30公里路，由于错过班车运营时间，最后他们还是通过关系，借助了一辆消防车，终于在傍晚前赶到了那里，晚上，还投宿在当地百姓家里。此后，考古试掘进行了近一个月，大家顶着火辣辣的太阳，并忍受着晚上蚊虫的叮咬，很快获得了激动人心的初步结论。即该遗址有上、下两个文化层，含红色陶器群的地层叠压含黑色陶器群的地层。在下文化层中获取的一百多件骨、石、木、陶质的器物，其基本特征有别于已见的长江下游新石器时代的文化。这批貌不惊人的陶器、石器、骨器和木构件向人们传达出发现于浙江境内已知最早的新石器时代遗址的重大喜讯。试发掘之后，现场被很好地保护起来，据此而开展的正式发掘论证也紧张地运作起来了。

刻纹陶盆

（二）河姆渡文化遗址的正式发掘

1973年10月，国家文物局批准了河姆渡遗址的发掘。在各方面的重视、支持和配合下，很快组建了一支浙江历史上阵营空前的考古队。当年11月，开始了对河姆渡遗址大规模的科学发掘。

挖掘工作开始不久，考古人员发现了一些木头，这些木头虽然已经糟朽，但还能清晰地看到人为加工过的痕迹。经过清理，考古人员发现，这是一口水井，井深有1.4米。由于这口水井的出现，考古人员推测，这个地方可能不仅仅是几个墓葬遗址，很可能是古人类居住的村落。

在距离地面 2 米深的地方，考古人员挖掘出 11 座墓葬和 3 个灰坑，还有大量的陶片、石器。他们继续向下挖掘，在这个文化层仍然有一些陶器出土，只是在这一土层没有发现红陶，大部分是灰黑色夹砂和夹碳的陶器。这些陶器的质地比较粗糙，从表面留下的痕迹，专家判断它们应该是在距今 6000 年左右加工出来的。这是新石器时代人类在这里生活的重要证据。

当考古人员挖掘到距地面 3 米深的地方，发现了一些奇怪的东西。在黑褐色的土层中，闪出了一些金黄色的小颗粒，但是很快就变成了泥土的颜色。考古人员拣起混在泥土中

夹砂陶器

河姆渡遗址

发掘现场出土了一些已炭化的稻谷

的褐色颗粒，经过仔细辨认，他们几乎无法相信自己的眼睛，这些东西居然是碳化了的稻谷。

考古人员甚至不敢相信这些稻谷会在距今6000年前的地层中被发现，它们真的在地下埋藏了6000年吗？难道新石器时代在这里生活的河姆渡人就开始种植水稻了吗？

在这个土层下，不断地有混在泥土中的稻谷被发掘出来。如此大量的囤积，为考古人员提供了重要证据。6000年前居住在这里的古人类当时已经发展到能够熟练

曲折神奇的发现过程

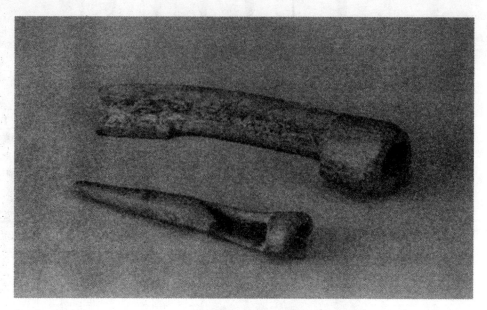

骨、角、牙器

掌握水稻种植技术了。

在离稻谷不远的地方又有了新的发现，泥土中出现了许多骨制的东西。在这些出土的骨制品中，他们发现其中的一件上面还缠着葛藤，这正是河姆渡人的生产工具——骨耜。河姆渡出土的骨耜，是中国目前发现的最古老的骨制农具。

大量骨耜的出土，向今天的人们呈现出这样一个事实，6000多年前的河姆渡人，已经脱离了刀耕火种的耕作方法，进入了耜耕农业阶段。

接下来的发现让人费解，考古人员发现了一些木板和木桩。在这些木桩和木板的两端，居然出现了榫卯的痕迹，6000多年前的河姆渡人已经发现了在木桩和木板上分别凿出榫卯，可以使木桩和木板牢固地连接在一起，他们将石头加工成锋利的工具，再用这些石制工具去加工木材。今天这些石制工具依然非常锋利。考古人员将这些木板、木桩及木构件进行复原。展现出当初的建筑形式。中国的建筑专家将这种地上架空的建筑称之为"干栏式建筑"。他们从中国"有巢氏"的传说推断，河姆渡人的干栏式建筑是原始人从树上的巢居向地面居住过渡的一种建筑形式。在木桩和木板附近，考古人员还发现了一些用芦苇编织的席子，这些苇编与今天当地人日常

河姆渡干栏式建筑

河姆渡遗址博物馆陈列
的四期文化层

生活中使用的苇编，从图案到编制方法几乎完全一样。

对河姆渡出土文物的碳十四的测定也有了结果：河姆渡遗址叠压着四个文化层。最上面的一层已有 4700 年；第二层有 5800 年；第三层和第四层距今 6210 年到 6950 年。在河姆渡遗址发现之前，几乎所有的出土证据都表明，中华文明在公元前 3000 年诞生于黄河流域。河姆渡遗址的发现，为中国史学界和考古界提供了一个依据，那就是中华文明的起源，不仅仅局限于黄河流域一个地方，长江流域也是中华文明的重要发源地之一。

生活在七千年前的河姆渡人不可能留下文字的记录，但从他们留下来的 140 多件骨制品、大量的石制品和陶器中，我们试图一点点地解读他们在七千年前的生存状态。

河姆渡遗址分布范围东西长约 200 米，南北宽 200 米左右，总面积约 40000 平方米，这里地势低平，地表平均海拔高度为 2.3 米左右。

狗头骨

从出土的大量野生果实来看，这里以前生长着茂密的森林，有许多野生果实可以供河姆渡先民采集。

就像古埃及人用绘画记录他们的生活一样，河姆渡人将他们劳作生活的片断记录在了陶器上。他们除了掌握水稻种植技术以外，也已经开始驯养家畜。

河姆渡发掘出的 61 种动物骨骸，分属于 34 个种属。它证明 7000 年前，这里气候温暖湿润，这种地理状况和自然环境是动植物生长的天堂。河姆渡人正是选中了这样一个天堂，在这里繁衍生息。

（三）科学检测年代

经过科学家的推算，河姆渡文化遗

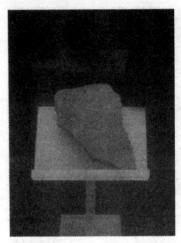
稻穗纹陶片

址是距今大约 4000 至 7000 年前的新石器时期。这么久远的年代科学家是怎样推算出来的呢？这是利用了国外科学家的科学研究成果，在 20 世纪 40 年代末期，美国科学家根据古代遗物中放射性碳元素的半衰期（5730 年）原理发明了碳 -14 年代测定技术（经过 5730 年后原来碳 -14 的含量只剩下一半了，再过 5730 年后就只剩一半的一半，依据这一原理，我们就可以根据死亡生命体内碳 -14 的含量得出其死亡的年龄）。这种技术很快应用到考古发掘的过程中，我国的考古发掘也充分利用这一科学成果，成功的检测出距今数千年前的古代文物的年代，真正体现了科学无国界，河姆渡文化遗址就是充分利用了这一科学方法，考古科学家们将考古发现的文物交给中国社会科学院考古所实验室和北京大学考古实验室用碳 -14 方法分别做了年代检测，检测出不同层面、不同阶段发掘的文物的年代，大约都是在距今 4000 至 7000 年左右。

　　这个考古成果震惊了整个考古界，使人们知道在我国东南地区也有这样历史久远的文化遗址。可以与山东的仰韶文化，陕西的半坡文化相媲美。

河姆渡遗址博物馆一角

（四）河姆渡博物馆的建立

河姆渡遗址博物馆于 1993 年 5 月落成开放，由时任中共中央总书记、国家主席江泽民题写馆名。博物馆坐落在风景秀丽的四明山北麓，博物馆占地面积 60 亩，由文物陈列馆和遗址现场展示区两大部分组成。文物陈列馆紧邻遗址西侧，占地面积 16000 平方米，主体建筑面积 3200 平方米，由 6 幢建筑组成，单体之间用连廊相接。建筑造型根据河姆渡 7000 年前的"干栏式"建筑风格，"长脊、短檐、高床"的特点而设计，构筑出高于地面的架空层，人字形坡屋面上耸起 5—7 组交错构件，象征着 7000 年前榫卯木作技术，再配以土红色波纹陶瓦、炒米黄色面墙砖，显得原始、古朴，与河姆渡文化融为一体。序厅屋面形似展翅翱翔的鲲鹏，表现了河姆渡先民爱鸟、崇鸟的文化习俗。

博物馆内设 3 个基本陈列厅和 1 个临时展厅，共展出文物 400 余件。

第一展厅为序厅，以序言、照片、图表、模型、文物概括地介绍了河姆渡文化的基本情况。其展出的两个完整的人头骨和复原的头像，让观众见识到我们远祖的模样；七千年前河姆渡生态环境的模型，形象地再现了 7000 年前河姆渡先民过着定居生活，从事农

两个完整的人头骨和复原的头像

河姆渡遗址

贮器

业、狩猎等生产、生活场景，惟妙惟肖，
栩栩如生。

第二展厅"稻作经济"，反映稻作农
业及渔猎采集活动。展出的实物有 7000 年
前人工栽培的稻谷及照片，稻谷芒刺清晰，
颗粒饱满，令人叹为观止。此外展出的还
有骨耜、木杵和石磨盘、石球等稻作经济
的全套耕作和加工工具。带炭化饭粒的陶
片和以夹炭黑陶为主的釜、钵、盘、豆、
盆、罐、盉（古代温酒的器具，形状像壶，
有三条腿）、鼎、盂（盛液体的敞口器具）
等饮器、贮器，说明早在 7000 年前我们
东方民族的饮食习惯已基本形成。河姆渡
先民发明了农业以后，生活状况有了根本

鸟形象牙匕

改变，但还是不能满足他们的生活需要，从这里陈列的骨哨、骨箭头、弹丸等渔猎工具，以及酸枣、橡子、芡实（一年生草本植物，生在水池中，全身有刺叶子圆形，像荷叶，浮在水面，种子可以食用）、菱角等丰富的果实来看，证明渔猎和采集仍是河姆渡人不可缺少的经济活动。

第三展厅反映河姆渡人定居生活和原始艺术两个内容。此处陈列着被称为是建筑奇迹的带有榫卯的干栏式建筑木构件和加工工具。此外，陈列的还有种类繁多的纺织工具，展示了当时成熟的纺织技术。在生产和生活领域里创造了许许多多奇迹的河姆渡人，以其精湛的雕刻工艺，生动逼真的陶塑，优美的刻划装饰与绚丽的绘画，创造了辉煌的原始艺术，展现了河姆渡先民丰富多彩的精神生活。展出的以象牙、骨、玉、石、陶、木为材质的文物，给我们留下了许多构思奇巧、寓意深远的艺术作品，那种讲究对称、追求平衡的审美意识和整齐、稳重、沉静的艺术作品，令人赞叹不已。在众多艺术品中，尤以象牙雕刻物件最为珍贵，其中就有作为遗址标志的"双鸟朝阳"蝶形器。

三、河姆渡人创造了人间奇迹

河姆渡文化遗址有
着独特的存在环境

（一）独具特色的生活环境

河姆渡文化遗址有着独特的存在环境，从河姆渡遗址考古发掘获得的大量的新石器时代文物和遗存中，大部分都保存比较完好，能够再现历史原貌，而与之相比，其他地区的新石器时期出土的文物就没有河姆渡遗址保存的完好，为什么处在同时期，有这种差别那？主要原因就是河姆渡遗址所处的地理位置，河姆渡遗址是在我国长江下游发掘的，位于我国沿海地区，常年多雨，据科学家研究发现，在大约距今 4000 至 7000 年前的河姆渡时期，江浙地区的天气状况要比现在还要潮湿，这种气候及地理位置有利于文物的保护。在考古发掘中，好多遗物都保存完好如初。特别是如稻谷、稻秆、稻叶、谷壳、木屑、芦苇及其编制物、绳子、各种植物茎叶、果实等，多数色泽新鲜，几乎无法相信它们是数千年前的物品。也许大家会有疑问了，阴雨连绵，潮湿的天气不是会导致器物生锈，被腐蚀坏掉吗？又怎么会有利于文物的保存呢？其实在多次的考古经历中，考古学家已总结出了宝贵的科学经验，那就是，出土文物保存非常好的往往是两类地方。一类是环境极其干

河姆渡遗址出土的许多文物都保存完好，实属少见

河姆渡人创造了人间奇迹

干栏式房屋

燥的沙漠，那里空气中和地层土壤里几乎不含水分，这就阻隔了细菌繁殖的条件；另一类是地势比较低的南方地区，那里水分丰富，常年侵蚀着泥土，同时紧密的包裹住了这些地下文物，这就很大程度上的隔绝了空气中的氧气，而氧气是细菌繁殖所必需的，这样就阻隔了细菌繁殖的条件。所以，河姆渡遗址中能够出土大量保存完好的文物。

（二）令人惊讶的稻作农业

我国从古至今一直是以农业立国的，当今中国十三亿人口有八亿在农村，从事农业生产，在原始社会时期，先民们就开始了原始农业的种植，他们已经懂得刀耕火种的道理了。刀耕火种就是指先用石斧砍伐地面上的树木等枯根朽茎，草木晒干后用火焚烧。经过火烧的土地变得松软，不翻地，利用地表草木灰作肥料，播种后不再施肥，一般种一年后易地而种。正是由于采用了刀耕火种的这种原始种植方式，古代先民才能够过着较稳定较长久的定居生活，不然，或许他们还要扶老携幼，一群群地四处飘泊，随地而安呢！这是河姆渡文化前期的人们所采取的农业种植的方式。随着社会生产力的发展，

动物形状陶器

河姆渡先民充分认识到河姆渡良好的生态
环境对发展水田稻作农业是非常有利的，
于是发明了骨耜一类翻土的工具，对土地
进行深加工改造，摆脱了砍伐树木、烧光
杂草刀耕火种的农业阶段，进入到了用骨
耜来进行农业生产的阶段。

此外，还在出土的陶器、骨器或木器
上发现刻有稻穗，沉甸甸的稻谷向两边下
垂的图形，这充分地证明此时期我国的稻
谷种植是比较发达的，正应了那句话：艺
术源于生活，高于生活。

距今六七千年之前的河姆渡遗址稻谷
遗物的出土证明了我国是最早种植水稻的
国家。在远古时期最初人们并不懂得人工

日常农具

种植农作物，人们主要靠打猎和野外采集为生，但是打猎和野外采集有太多的偶然性，如果天气不好，或是附近的猎物和植物采完了，就需要走很远，或者可能挨饿没有植物下肚。古人也是很聪明的，他们在慢慢地摸索，古人无意间将剩下的食物残留倒在屋外，竟发现能够长出植物来，就这样慢慢地古人从最初的野外采集发展到人工种植，种植的植物种类也逐渐增多。水稻的种植也是从最初野生水稻发展演化而来的，最近，日本学者利用电镜扫描技术对河姆渡炭化稻谷进行了属性识别，发现了四粒普通野生炭化的稻谷，进一步证实在七千年前的河姆渡村落周

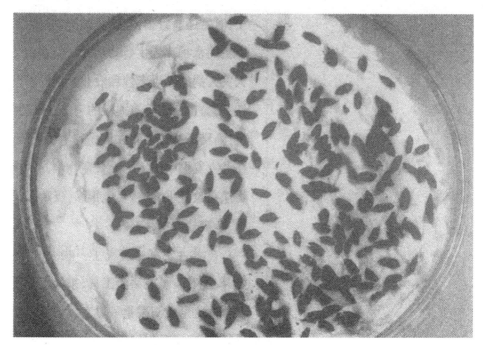

围也生长着普通野生水稻。在河姆渡遗址中发掘的稻谷经科学家检测是籼稻，这种水稻在之前一直被科学家认为是从印度传到我国的，河姆渡稻谷遗物的发掘出现，充分证明了此种水稻是原产于中国的。

（三）继承传统的取食手段

由于古人的生存环境是极其恶劣的，带有很多的不确定性，因此虽然此时期有人工养殖和种植，但是野外采集，渔猎也还是大量存在的。

由于河姆渡人生活在温暖湿润、动植物繁生的地区，周围满山遍野是野果子，时常还有野兽出没。虽然他们以人工种植的水稻作为主要的食物，但是由于天灾人祸的不确定性和农业生产的季节性因素，也常常会有挨饿的可能。所以采集、渔猎还是古人获取食物的主要手段。在考古发掘中出土的大量遗物中，动植物遗存数量很多、种类也很多，反映了采集、渔猎是非常频繁的。

在考古发现中发现了一些果核、硬壳等，还有少量的采集工具，采集工具比较少，这可能与采集一般直接用双手来进行有关，不过见到了一些用鹿角简单加工而成的钩子，作为延长人手的工具。在河姆渡遗址发掘出土的植物有橡子、南酸枣、菱角等，这些野

河姆渡文化的陶器

河姆渡遗址

河姆渡人生活场景

果的籽粒在遗址中出土是一堆一堆的，这说明当时先民大量地采集食用野果。除此之外，还出土了大量的树叶片，这些树叶主要的功效是驱除蚊虫，祛病止痒等，说明我国先民早就懂得从自然界中提取药材来治病疗伤了。

在河姆渡遗址北面有很多沼泽、湖泊，这可以为远古先民提供充足的水生动物资源。在考古学家发掘出土的动物遗骸中，有大量鱼类动物的遗骨，此外还有龟类，仅龟类的遗骸就有一千九百七十多个。从中可以推断出当时人们食用的主要肉类是鱼类。捕鱼必须需要一定的工具，那么先民是采取怎样的方式呢？从考古发掘中出土了捕鱼用具，有鱼镖、骨镞、网坠等，网坠的出土说明先民当时还采用结网捕鱼的方法，但是数量非常的少，从中可以推测这两样工具不是主要的捕鱼工具。依据现在部分少量民族还保留着的原始捕鱼方式来推断，当时的人们主要是用弓箭来捕鱼的，此外还有一种方法就是徒手摸鱼，据说古代彝族人就采用这种方法。

在遗址附近还有密林及灌木，这就为先民提供了丰富的陆生动物资源。古代先民多采用弓箭来射猎动物，在河姆渡遗址中出土了大量用于射箭的箭镞，相当于手枪用的子

河姆渡人狩猎

牛头骨

弹，一共大概有一千七百件之多，像鹿这一类抵抗能力较弱，数量比较多。从河姆渡遗址出土的大量鹿的遗骸可以断定，鹿曾经被大量食用。出土的大型凶猛动物，像犀牛、象、虎、熊的骨骼数量很少，主要是因为这些动物不容易被捕杀，并且极具攻击性。在河姆渡遗址中还出土了大量用石头和陶器做成的圆形物体，经考古学家鉴定可能是当时先民用这种球体来射杀鸟类，类似于过去小朋友用的弹弓，先民将鸟的肉食用，而羽毛用来做装饰品，爱美之心人皆有之，古人也喜好把自己打扮得漂亮，并且这种类似于弹丸的射猎工具

河姆渡文化的陶器

不会在鸟的身上留下血迹，弄脏了美丽的羽毛。

（四）品种繁多的陶器

陶器的发明是我国古代先民的重要贡献，展现了先民的聪明才智，可以说是一项伟大的创举。陶器的发明是古人在日常生活中逐渐摸索出来的。在众多纷繁复杂的河姆渡遗址出土物品中，最能够反映其文化面貌及器物工艺的物品就是陶器。通过河姆渡人制作的陶器我们可以看到先民丰富多彩的生活，在两期的考古发掘中出土了1807件完整的陶器，另外，还有数十万的陶器碎片，考古发掘工作者每翻动一小块土，就会碰到陶器遗物。

陶器的制作工艺要比木器、石器、骨器复杂，在河姆渡遗址发掘出陶器的不同时期，也就是河姆渡文化的不同阶段，所出土陶器的质量、做工也是不同的，第一期出土的陶器文物是属于做工比较粗糙的，在这个遗址中出土的陶器全部是手制的，器壁厚薄不均，色泽不均匀，制作较粗糙，常有歪、斜、扭、偏等现象，反映了制陶工艺的原始性。在第一期出土的文物陶器中最有代表性的是"夹炭黑陶"，那么夹炭黑陶是不是在陶器中夹了炭呢？其实不是这样的。这就要从制陶的方法来看，首先要选取合适的泥土，对其进行加工处理，在泥土中加入一定比例的水，有的还需要掺进沙子、植物碎末等进行调和，之后用手捏制或在转轮上直接用拉扯等方法制作所需要器物，最后把它们放到陶窑中用火烧制。这就是整个制陶的过程，其实制陶的关键是对陶器用土的选择，并不是随便用什么土都可以的，需要选用粘稠性较好的土制，这样烧好的陶器才会结实耐用，古人也知道在土中加入不同的物质可以增强泥土的耐用性，在早期的制陶过

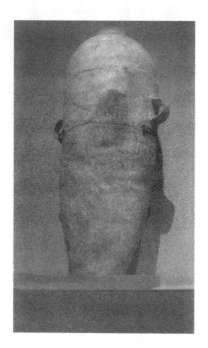

双耳深腹陶罐

程中，大多在陶土中掺入多少不一的稻叶、谷壳类碎屑。这样的陶胎（没有烧制之前的陶器）经过火烧，其中掺和的料都被烧成炭了，陶器整体自然呈乌黑色，这种陶器具有耐用、美观等特点。夹炭黑陶的名字就由此而来。这是第一期陶器的代表。第一期出土的陶器还有一个特点就是陶器外面的花纹样式比较繁多，以几何图案为主，偶尔还会见到动植物图样。几何形图样主要有弦纹、短斜线纹、谷粒纹等，主要刻划在器物的颈部、口沿部位，在少量精致器物，如盆、钵的腹

河姆渡文化陶器以夹炭黑陶为主

河姆渡遗址

部上，还会特意刻划一些动植物的图像。

在第二期出土的陶器，制作工艺有了一定程度的进步，但是变化不大，这个时期仍然还是使用手来制作的，在制作的形状上有了一些变化，在陶器的外面的花纹变得简单了，不再像第一期出土的陶器文物那样复杂的花纹了。

之后又有第三期和第四期出土的陶器，还都是手工制作的，变化的趋势主要在陶器的花纹上，而且颜色更加的素气，第三期以后的陶器已经逐步定型了，造型也是较为规整的，很少见到歪斜扭偏的现象。第四期出土的陶器种类更加多样，不过完整的陶器较少。

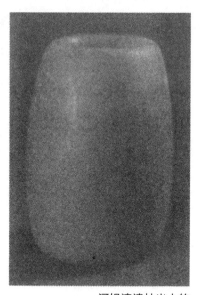

河姆渡遗址出土的精美艺术品

陶器的种类也是多种多样，依据用途的不同，主要分为用于生活中的日用品、装饰品、劳动中的工具、工艺品等。在日常生活中陶器起到了不可或缺的作用，如盛装食物、存储饮用水、烧煮食物等等。根据器物的不同用途，制作出各式各样的器皿。盛储器有盆、盘、钵、罐等，并对多数器物的表面制作的特别光洁美观。但是有些陶罐的表面是显得比较粗糙，在成形的时候随便地涂抹一番，光洁度比较差，

远古先民充满智慧，心灵手巧

颜色也不漂亮，鲜艳，这说明先民对这类陶器的使用目的和烧制技术要求不高，这可能与陶器的被用来接水和储存杂物有关。

在先民逐渐掌握了比较娴熟的制造陶器的工艺后，在制造实用容器外，也开始模仿动物的形态捏塑陶制品，在河姆渡出土了不少单独成器的动物形和玩具性质的捏塑件。他们多数表现的是生活中的闲情逸致和一定的审美情趣。

河姆渡人用他们的聪明智慧，早在七千年前的新石器时代创造出了一直沿用至今的制造技术，令我们当代人为之惊叹。

（五）简单原始的编、纺织品

由于保存的难度大，河姆渡遗址中发掘中并没有出土任何纺织品实物，但是有关纺织和缝纫的生产工具却发现很多，如刻有编织物和蚕形图案的骨质匕首及象牙制品等。

在考古发掘中，在深层地下中出土了多段粗细绳索。粗绳一般由两股类似麻类纤维搓合而成，细绳直径约两毫米。这些绳索与当今的一模一样，难以让人相信它们是七千年前的人所为。

除了出土了植物类纤维搓成的绳索以

外，还出土了一些鲜黄的芦苇片编织物，在当时很可能是用来作为地板和房顶的铺垫。

在河姆渡遗址的两次发掘出土的用于纺织的工具也是很多的，主要是纺轮和骨针，尤其是纺轮数量最多，大小不一，样式也非常多，有算珠形、饼形、圆台形等等。在河姆渡遗址出土的一个象牙制品上刻着蚕形的图案，从这考古发现中我们知道从河姆渡人开始了我国用蚕来吐丝，用丝来纺纱，用纱来织布的历史，自古以来杭州地区就是我国重要的丝绸产地，以生产品

骨针

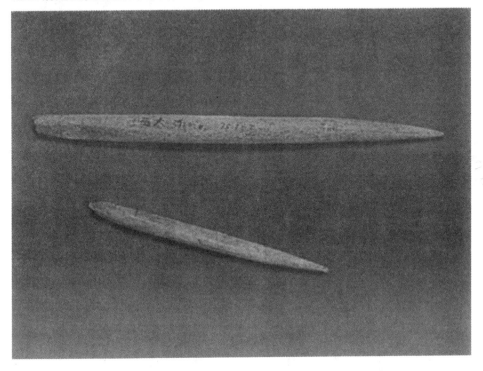

河姆渡人创造了人间奇迹
041

河姆渡人生活能够
自给自足

质上乘、样式繁多而闻名于世，而且丝绸也成为馈赠亲友的佳品，每去杭州，丝绸制品都是游客必选的物品。此外在河姆渡遗址中还出土了一些原始的织布机的零部件，这表明河姆渡先民已经发明了织布机，这是一种一端固定在木桩上，一端固定在人腰部的手织机，尽管极其原始，但是表明先民已经掌握了制作织布机的基本原理。今天，有的少数民族地区仍然在使用这一样式的简易织布机。精致的骨针和简易的织布机，表明河姆渡人已经摆脱了以树叶、兽皮简单着装的时代，而且很可能开发出厚实的麻布、柔滑的丝绸等多种多样的衣料缝制而成的衣服，过上了温暖、舒适的生活。

四、独具特色的文化遗存

（一）简洁实用的建筑

人们的生活离不开"衣食住行"，而"住"是人能够维系生存的一个重要的基本条件。正如一句戏词中唱到的"寒窑虽破能避风雨"，在遥远的河姆渡文化时期，先民同样也非常注重这一点。中国古代文献中有这样一句话"北方穴居，南方巢居"，依据考古发现，史前时期我国北方居民居住在岩洞居、地穴居及半地穴居，还有窑洞居等多种类型，而在南方具有特色的房屋是巢居和"干栏"居。

房屋内景

南方潮湿多雨，并且天气比较闷热，河姆渡遗址又临近沿海地区，这样的天气决定了河姆渡先民需要建造隔潮、通风效果好的房屋。河姆渡先民修建的房屋中最具代表性的，就是木栏式建筑，随着河姆渡先民逐渐地掌握了水稻等农作物的栽培技术，河姆渡人的生活逐步安定下来，过上了定居生活。河姆渡人为了适应环境，创造出了一种在当时条件下非常实用的居住样式——干栏式建筑。这种房屋的特点就是将很多的木桩下端密集地深深打入地面，在这些密集的桩上建上房子，类似于平地搭建起来的小阁楼，建筑用的材料主要是木材和茅草，木头之间采用的榫卯的建筑手段，这种技术手段的具体形象从两个字就能明白，就是"凹""凸"两个字，将这两个字对在一起，就是榫卯原理的应用。木栏式的建筑形式在现在我国南方的一些少数民族地区也还是存在的，这主要与当地阴雨连绵、潮湿的地理环境有关，如广西的侗族、黎族和云南的景颇族等少数民族的村寨。

在河姆渡遗址中出土了大量的木结构房屋建筑的遗存，这说明先民对木材的使用是比较广泛的，木头一直是人们用来建筑的主要材料，古代先民用的也是得心应手，那么在史前那样简陋的条件下，先民是怎样加工那些木构件的呢？在考古发掘中发现的都是最终加工完成的成品构件，

河姆渡人居住的房屋复原外景

建造房屋对于工具匮乏的
远古先民来说并不容易

至于加工的过程是无法从发掘中了解到的，只能通过现在一些少数民族仍然保留的传统制作木结构的方式去推理。主要步骤分为三步。

第一步，就是到山中去砍伐树木，选取那些比较直，容易处理的树木，并且依据在实践中不断地摸索，知道什么样材质的木料，适合做什么木构件。选好树木之后，就用石斧砍倒大树，在金属工具没有出现之前，石制工具是主要的工具，石斧应用的范围是非常广的，而在采伐树木时唯一适用的工具就是石斧。树木砍倒落地之后，再就是裁剪掉树枝和树尖，剥掉树皮，制成木材，之后将整根木头运到目的地。

河姆渡文化盛行干栏式建筑

第二步，就是根据最终的目的，将整根木头砍成所需要的板材或者段材，成为将要制成的木结构物品的组成零件。

第三步，在已经整理好的木板或者段材上，打上榫卯，以备接下之用。

第四步，将已经打好榫卯的木板或木段组装起来，在制成的木构件外面刷上颜料，使木构件更加漂亮，以及耐腐蚀。

总之，在六七千年前的南方史前社会已经发展到一个很高的水平，但是这种发展需要经历一个漫长的摸索过程，古代先民用他们的智慧，总结经验，不断突破创

经过无数次的摸索实践，人们终于建造出"木栏式"建筑

新，将木结构建筑不断地发展。

掌握用于建造房屋所需要的主要材料的处理方法之后，先民就开始着手建造房屋了，那种"木栏式"建筑的样式是不是一成不变的呢？是不是自始至终都是一种模式的呢？其实并不是的，世界上任何事物都不会长久地保持不变，有的甚至会变得面目全非。"木栏式"建筑就经历了一个变化的过程。

最初的建造是比较简单的，在建造的房屋下面打上很多的木桩，这样相对来说比较容易，但是有承重力小、使用年限少、牢固程度差的缺陷。打完桩之后，在桩木上建大小梁来托住地板，这样就构成了架空的建筑基座，之后再在上面建像草帽形状的屋顶。这就是相传至今的木栏式建筑的典型形式。这种木栏建筑的遗址很多，如云南剑川海门口、广东高要茅岗、湖北圻青毛家嘴等遗址都曾发现过各种不同规模的干栏式建筑遗址，这些遗址出现的年代都要比河姆渡遗址要晚，但是建筑技术水平却远不如河姆渡遗址。正是由于有了聪明的河姆渡先民采用的榫卯技术，才有了之后的房屋建筑模式，所以，河姆渡遗址中的榫卯技术，是中国乃至世界建筑史上的宝贵财富。

以上是第一阶段发现的木栏式建筑的

河姆渡人建筑复原外景

摸索中人们发现，打地基的房屋更加牢固

样式和特点，但是经过几百年的发展演变，到距今六千年左右，发生了一次叫做卷转虫式的海侵，使浙东平原成了浅海，杭嘉湖平原只剩下一小部分，太湖一线以东全被海水席卷，杭州市区是个海湾。海侵的结果，迫使一部分原始居民后退到会稽、四明、天台山，一部分迁散到浙西和江苏南部丘陵，一部分逃移到了海岛上。当时的地理生态环境也发生了变化，气候条件趋向干旱，于是他们对房屋建筑样式也进行了改进，在考古第二期发掘的遗址中木桩变粗了，但是房屋下的木桩变少了，在木桩下面挖了很深的坑，加大了木桩的稳定性，这样的建造模式更加稳固了。在木桩之上还是先安装横梁之后再

安装地板。 水井

第三、四期出土的房屋比较少，变化就是原来腾空的房屋，在此时期变为直接着地的状态。也就是不再架空，由于此时期生态环境的变化，这时期建房用的木材不再像之前的那样粗大，柱子显得比较小，在柱子和柱子之间用树枝或灌木联结起来。

考古发现河姆渡先民还发明打井的方法，并出土了很多井的遗迹，在河姆渡遗址第三期出土的木结构水井，是我国有关考古发掘出土井中年代最早、结构保存较完整的，河姆渡水井的结构是四周由四排桩构成一个四方形井栏，并设有加固的井架。在井的遗址中发现了四个罐，这也有

河姆渡遗址雕塑

可能是用来从井里打水的的器具。打井方法的发明改变了人类被动利用自然的状态，人类可以依据自己的能力，去发掘利用未知的事物，井的发明就是人类发掘利用地下水的结果。

为什么河姆渡先民要挖井取水呢？原因可能是和距今五千六百年前的海侵有着密切的关系，海侵造成了河姆渡一带土地盐碱化严重，湖泊沼泽的水变得咸苦难喝，那为什么咸水人类不能喝呢？这是因为太咸了，会让人体细胞失水，如果人喝了大量咸水就有可能失去生命，所以为了不喝咸水，这时的河姆渡先民选择挖井来取水，用罐子来取水，这样就能够解决水质不好的问题。这也表明了富有智慧的河姆渡先民能够认识到地下水的存在，并能够加以利用。从依赖自然到人工挖井取水，这是人类的一大进步，水井的发明和使用改变了人类的生活习惯，对提高人的身体素质有着重要的作用。河姆渡水井成为我国挖井取水最早的实物例证。

（二）河姆渡遗迹之一——灰坑和墓葬

河姆渡遗址出了发现"干栏式"建筑以

及水井遗址之外，还发现了各时期的灰坑，一共有二十八个。灰坑，考古学术语，是古代人类留下的遗迹之一，灰坑有可能是垃圾坑，有可能是储物坑（或窖藏），也有可能是祭祀坑，各种坑都有其成因。而且，灰坑有自然坑和人造坑之分，自然坑是人利用自然形成的坑来做垃圾坑、储物坑、祭祀坑；而人造的坑则是人为挖的坑。在第一期中发现了五个圆形和椭圆形灰坑。多数的灰坑中放有酸枣、菱角等植物的果实，在个别灰坑中还有陶器等器物。在考古发掘的第二期遗迹中发现了十个灰

河姆渡人已开始定居生活

独具特色的文化遗存
053

干栏式长屋

坑，形状有圆形，椭圆形，还有长方形的，在坑底下有苇席铺垫，多数坑中还有动植物遗存，有的还有陶器。在第三、四期中，发现了共十四个灰坑，相对于前一时期多了一些不规则形状的，在灰坑中有很多果实的种子、一些不完整的陶片和极少完整的陶器。

河姆渡遗址发现墓葬的数量不多，仅有二十七座，这些墓葬均分布在河姆渡先民的生活区。从此时期的考古发掘知道，在这一时期随葬品非常少，只是一些故去之人生前的一些生活用品，说明当时还没有出现贫富

河姆渡遗址

正在精制作陶器的河姆渡人

分化，阶级社会还没有出现。

（三）各种类型的器物

在河姆渡遗址中出土了大量的器物，其中骨（角、牙）器出土了近三千件，占所有遗物的一大半，形态样式也是非常多样的，这些都是利用动物的骨骼为原料，这主要是因为在当时人们大量渔猎，以及家畜饲养业发达。

骨器是先民从事生产和生活的主要用具，数量多，种类多，制作精致。它们大多取材于大型哺乳类动物的肩胛骨、四肢骨、肋骨、角、牙，也有取材于禽类的肢骨、鱼类的脊椎骨等。制作方法主要有敲

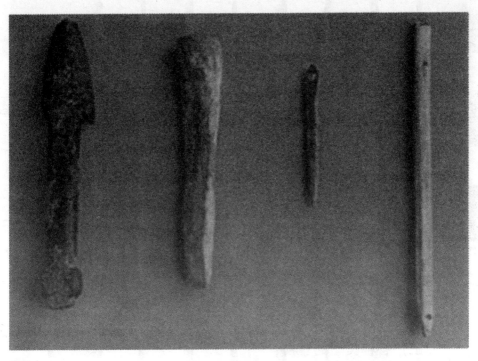

骨器

砸、打磨等几种。其中打磨是较普遍的，加工的方法和加工精度视不同器形的不同要求，也有粗细之分。在河姆渡遗址第二期出土的骨器中，从选取材料、制作工艺、器物种类和器物的基本形状等方面都与第一期文化相同，但是有些器形加工更加规整，骨器雕刻技术更加娴熟、高超。因此出现了以连体双鸟太阳纹象牙、蝶形器为代表的令人叹为观止的艺术瑰宝。

第三期出土的骨器相对于第一期比较少，质量也不如之前。在第四期出土的文物中没有发现骨、角、牙器。

在河姆渡遗址中出土的石器是比较少的，在出土的近千件遗物中，石器还不到六分之一，这主要是因为骨器在当时很发达，代替了石器的功能。

河姆渡时期是我国历史上的新石器时期，在新石器时期，先民主要采用磨制石器，但是在从旧石器向新石器时期的发展，是需要一个过程的。在第一期出土的文物中的石器，保留着一些打制的痕迹，可以看出此时期属于过渡时期，河姆渡先民直接继承了旧石器时代打制石器的传统。在旧石器时代制作石器的最原始的办法就是把一块石头加以敲打或是碰击，目的是形成刃口，再加以修整而成石器，所以，早

石斧

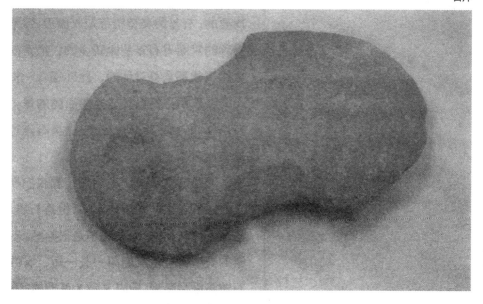

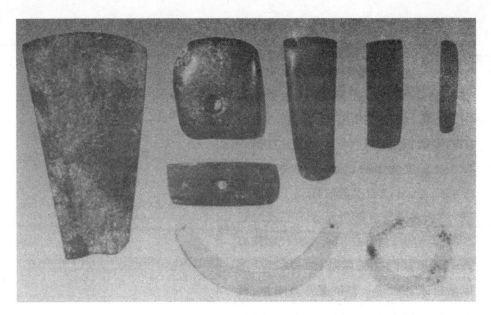

石斧、石刀、石凿、
石锛和骨鱼钩

期出土的河姆渡石器保留了打磨相结合的原
貌，只是刃部磨制得比较精细，目的是为了
减少使用时的阻力。从出土的文物看，石器
的种类也是较少的，主要有斧、锛、凿三种，
在这三样中以斧为主，其他两样是次要的。
石斧的典型特征是双面刃，但是对称的双面
刃石斧是比较少的，绝大部分的石斧都是不
对称的，此外还有一种有着特殊用途的石斧，
这种石斧的斧刃特别得厚，而且布满麻点痕
迹，这类石斧可能是当时用于剖裂木材的工
具。

　　石斧的样子我们很熟悉，和我们今天使
用的斧头的样子差不多，但是石锛、石凿是
什么样的，大家还不是很熟悉。石锛的典型

石锛

特征是双面刃一长一短，有的石锛正面呈弧形，所以又称为弧背锛。石凿的特征是体型长，厚度略大于或接近于宽度，多磨制得光滑平整，两面刃部较锋利。

第二期出土的石器相对于第一期，打制石器的迹象已经明显减少了，更多的石器是磨制的，并且做工比较精致，石器的形状比较规整，轮廓比较分明，磨制技术已经得到较为广泛的应用了。在第三期出土的石器中，斧、锛的表面都比较光滑，形状、种类也增多了，这些表明石器制造向定型化、专业化方向发展。在第四期出土的石器中，斧、锛、凿多呈灰白或者青

猪纹陶钵

灰色，石料取材于一些坚硬的石头，石器的器形比较规整，表面比较光滑，轮廓比较清楚。在这一时期出土的石器还多了一些具有装饰作用的饰品，说明当时人们也懂得装饰自己，正应了那句话：爱美之心人皆有之。史前先民也不例外。

除了骨器、石器之外，还有一种重要的器物就是木器。在河姆渡遗址中出土的木器一共有四百件，能保存如此之多的器物，在中国的新石器时代遗址中是绝无仅有的。木器本来是人类最早使用的器具之一，但是由于木器极容易被腐蚀，很难长久地保存，在新石器时代的遗址中出土的木器寥寥无几，所以河姆渡遗址出土这么多的木器尤为珍贵。木制品的加工过程要比石器、骨器容易得多，木头再坚硬也没有石头、骨头硬，因此，木头的制作方法比较多，有裁、磨、割、削等，根据不同的器物，采用不同的操作程序之后，一件工具或一件器物就制成了。比较突出的有船桨、鱼形器柄、斧柄、织布机部件等，其中木蝶形柄、木筒和木鱼等，做工精细，堪称河姆渡文化中的佼佼者。在第二期出土的木器中，种类和数量已经明显减少了，但是制作工艺有了很大的进步，制作也更加精细，

房屋内景

独具特色的文化遗存

制作水平也有了提高，主要体现在对圆形容器的设计制作上。到了第三期出土的就更加少了，第四期出土的文物中已经不见木器的踪影了。

古人也是爱美的。在新石器时代出土的文物中，很少能够看到具有装饰作用的器物，但是河姆渡遗址则是个特例，在河姆渡遗址中出土了用于装饰的"美玉"，其实所谓的"美玉"是一些特殊的石头，也就是璜、管、珠等加工精致的装饰品，原料是萤石、石英、叶腊石等，他们同一般意义上石头有很多差

河姆渡人的生活

河姆渡遗址

生活用具

别，从矿物学分类，仍属于石头，但是从文学装饰作用来讲，已经属于美玉了，但是出土的数量非常少，不是很漂亮，制作也比较粗糙，但是这些器物的出现，开启了长江下游地区玉器文化的序幕。

（四）品种多样的生产、生活工具

前面我们从器物的制成材料上介绍了河姆渡遗址出土的器物，下面我们从器物的用途角度来了解史前先民的生产、生活用具。

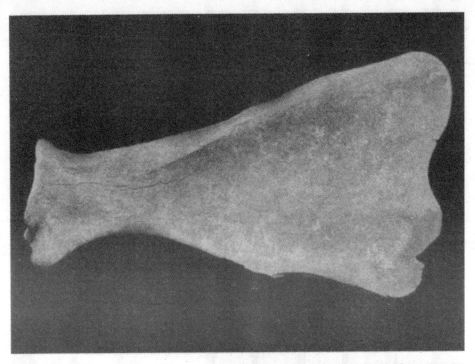

骨耜

石器是新石器时代的主要生产工具，河姆渡遗址出土的石制生产工具主要是石斧、石锛和石凿，都是比较小的，石头的质地也比较坚硬，制作比较简单，只是在斧刃部磨光，在其余部分都保留着明显的打砸痕迹，说明此时期的河姆渡先民还存在着旧石器时代的石器制造的特征。河姆渡文化遗址处在我国江南地区，在农业上主要种植的是水稻作物，水稻的栽培方式是插秧，加之此文化区地处平原地区，土质比较疏松，并不适合石器的使用，并且砍伐树木的机会也很少，所以河姆渡地区并不适合使用石器，在河姆渡遗址出土的石器也不是很多。

另一种重要的生产工具是骨耜，所谓的骨耜就是用动物的兽骨制作的耒耜，骨耜是用动物的肩胛骨制作的，在河姆渡遗址共出土发现骨耜一百九十四件，依据古书记载，骨耜是史前先民主要的农业生产用具，在其他地区的考古发现中也出土了大量的骨耜。用的也是动物的肩胛骨部分，在制作骨耜的时候，利用了肩胛骨的外形制作的，用起来比较方便、实用。用耒耜来耕作的方法在我国出现得比较早，使用起来也是比较方便的，最初的耒耜是采用木质材料制成的，在木质耒耜的尖部加上木、石或骨作为冠，就形成了复合形的用

浙江余姚河姆渡遗迹出土的用来翻土和开沟的农具——骨耜

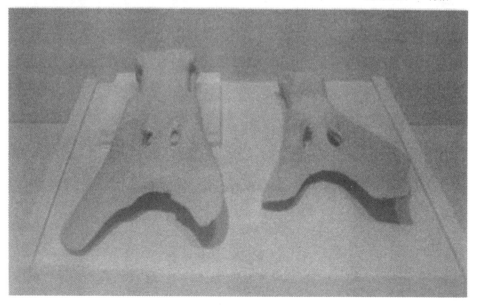

于翻土的工具耒耜。逐渐由木制耒耜发展到骨质耒耜，在骨制耒耜的外面有一个用木头制作的长长的柄，表明河姆渡先民懂得安长柄，这样既省力又能提高功效。骨耜因长期使用而腐蚀，刃部形状不一，它是河姆渡文化中一种很有特色的生产工具，是翻土挖沟的主要工具，翻耕土地能够疏松土地和改良土壤结构，延长使用的年限，扩大了耕种面积，对提高粮食产量有着重要意义。

除了骨耜、木耜外，还有锯齿形状的骨器，可能是收割工具。鹿角鹤嘴锄可能用于翻地和除草。另外还有木杵，呈蒜形，是加

木杵

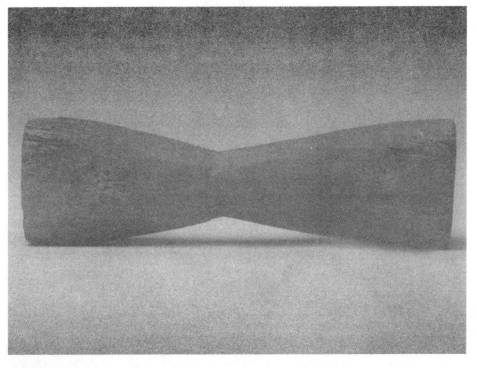

制陶

工谷物脱壳的工具。

　　河姆渡遗址出土的一套用于耕种——
除草——收割——加工的农业工具，证明
河姆渡文化早期已由刀耕火种的农业阶段
进入到耜耕的农业阶段。

　　生活用具有陶、骨、牙、木四类。在
生活中，骨、角、牙器作为装饰品主要有
珠（鱼类的脊椎骨）、坠饰（猪、虎、熊
的犬齿）、管状骨的破骨条或象牙制作的
饰品等。珠及坠饰是胸前或颈部的装饰品。

陶器

也有用象牙制作的，通体精磨，雕刻花纹，用来固定盘在头顶上的头发的簪子。

石器装饰品有萤石或玛瑙石等制成的玦、璜、管和珠。它们磨制光滑，中间有孔。

生活工具主要是陶器。陶器可分饮器、盛储器和饮食器等。常用的是釜、罐、盆、盘、钵、豆等。

盛储器主要是罐，以耳的多少分为单耳罐、双耳罐及四耳罐等，以双耳罐最为多见。其次是盆和钵，这两样器物都依据器皿口的大小分为两类。饮食器主要是豆，此外是现在我们比较熟悉的碗、盘、杯及勺等。用于烹饪的炊器主要是釜，釜的形式比较复杂，釜就是有腿的锅，有点象鼎。其次有灶和鼎。釜和鼎主要用来烧煮食物。

　　用陶器制成装饰品主要有陶环、陶璧和陶珠等。另外还有猪形陶塑等原始艺术品。

猪形陶塑

五、热闹非凡的动植物王国

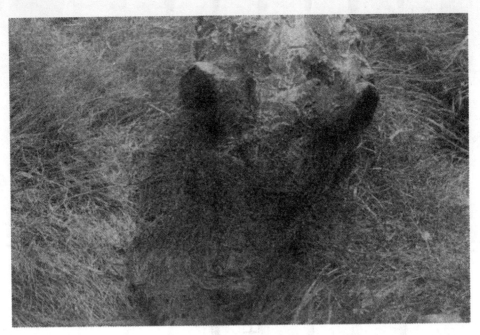

河姆渡人已学会了养
殖牲畜

（一）种类繁多的动物世界

在河姆渡遗址的两次大规模发掘中，出土的动物遗骸之多，种类之丰富，堪称我国新石器时代考古发现之最，在遗址中发掘的动物种类，都是生存于南方平原丘陵地区的种类，河姆渡遗址所处的气候带是热带、亚热带，也是动物生存最适宜的地区。根据对动物遗骸的检测分类，属61个种属，其中无脊椎的动物仅有三种，脊椎动物有58种，包括鸟类、鱼类、爬行类及哺乳类。其中哺乳类最多，占34种，除极个别种类外，几乎全是喜热湿的动物，尤其是亚洲象、苏门答腊犀和爪哇犀，小型哺乳类动物较少，其他门类较全，数量也多。

　　在河姆渡遗址中出土的亚洲象、苏门答腊犀、爪哇犀、麋鹿（俗称"四不像"）、红面猴等动物的遗骸，这些动物在我国或是灭绝或是存在的非常少了，亚洲象、苏门答腊犀和爪哇犀等典型的热带动物，目前在东南亚的中南半岛，印度尼西亚各大岛屿以及印度等地，还有一定数量的分布，在中国仅限于云南边陲地区还有少量分布，象和犀在华中地区已完全绝迹，四不像和红面猴在浙江已经完全绝迹了。

红面猴

河姆渡遗址中出土了大量的麋鹿遗骨，说明麋鹿在新石器时期在我国的宁绍平原繁衍生息，但是商周时期以后，由于人类的活动对麋鹿影响的加剧，麋鹿的分布范围明显缩小，到元代就仅存于华北和江淮局部地区，到清代末年除北京残存一小群以外，几近绝迹。

河姆渡遗址动物群的发掘表明，猪、狗、牛已成为人工驯养的家畜。我国是世界上最早饲养猪的国家之一。在河姆渡遗址中发现的家猪，与现代的猪十分相似。几千年来，饲养家猪一直是我国农家的普遍副业，也是我国人民肉食的主要来源。

河姆渡遗址中发现当时人们已经开始了养猪

河姆渡遗址

在河姆渡遗址中出土了十余件狗头骨。发现的狗头骨较猴头骨、猪头骨都完整，表明河姆渡先民对狗有一种特殊的感情。在河姆渡第一期文化一件陶块上浮雕的图像神态极其像狗。这表明狗是与河姆渡先民接触较多的动物之一。

河姆渡先民除了饲养猪、狗以外，还驯养水牛。在遗址中出土了十六件头骨，和水牛的的形态特征非常相似。河姆渡遗址是适合水牛生存的地区，在这个遗址周围有大范围的水域，还有适合水牛食用的水草，这一时期的水牛还不是用来耕地，主要是提供肉食。

河姆渡人捕猎场景

热闹非凡的动植物王国

除了大量地驯养动物之外，为了生存，河姆渡先民还猎取大量的野生动物，虎、豹、熊等食肉动物和猴、野猪、鹿类等食草、杂食类动物，这些动物都是当时先民们的猎物。其中栖息在密林中的凶猛兽类在数量上所占的比重很少，而以力量较弱的食草类为主，这些动物的肉可以食用，它们的毛皮、还有骨骼还可以制作成生产工具和艺术品。

　　除了猎取这些野生兽类外，河姆渡先民还捕食大量的飞禽、水生动物。从河姆渡遗址出土的大量遗骸来看，水生的动物应该是先民的一项主要的肉食来源，其中包括三种无脊椎动物。在遗址中发掘中，鱼类、龟鳖

河姆渡出土的
各种兽骨

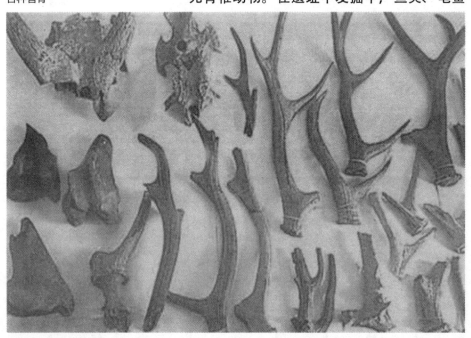

河姆渡遗址

干栏式长屋

类、蚌类等水生动物非常多。还清理出很少一部分龟的遗骸，明显能够区分的个体就有近两千件。鳖类数量也是相当可观的，蚌类在现场仅留下一片闪亮的白色遗骸。许多被烧破了的陶釜中装有鱼类、龟鳖类、蚌类等水生动物遗骸。

（二）色彩斑斓的植物王国

河姆渡遗址中还出土了大量的植物遗迹，河姆渡特殊的地理位置和得天独厚的自然环境，蕴育了大量的、丰富多样的植物种类，出土了当时河姆渡人采集和贮藏的大量植物果实的遗存，还有人类用肉眼

古河姆渡人生
活场景

无法看到的植物花粉，从中我们可以推测出，当时有大量的森林，正是因为森林的存在才为木质建筑提供了充足的原料。

遗址的早期地层出土的植物遗存种类相当丰富，保存也特别完好。植物的种类达25种以上，有台湾枫香、青冈、紫楠、香桂、九里香等亚热带落叶、阔叶林，有山桃、酸枣等灌木类植物，还有天仙果、旱莲木、牛筋树、夜合花、山鸡椒等，不少树叶的叶脉都还清晰可辨。

此外，还发现大量的稻谷、南酸枣、核桃、小葫芦、橡子、山桃等种植或采集的果实。还有稻秆、稻叶和芦苇等。

六、河姆渡文化的原始艺术

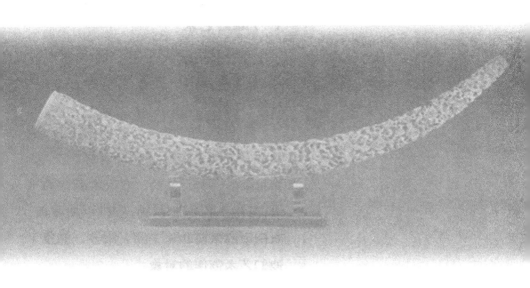

河姆渡文化的石器

（一）雕刻艺术

河姆渡先民雕刻的材料是多种多样的，有陶器、骨器、木器、石料等，还有具有特色的陶塑。

河姆渡先民具有艺术家的天分，他们在器物的外面雕刻各种各样的图案，有抽象的、有写实的。蓝天中翱翔的飞禽、陆地上行走的动物、沼泽中的游鱼、水田中的禾苗和天上的太阳等，都成了他们艺术创作的对象。

线雕在河姆渡文化原始艺术品中占有很大的比重，是我国民族雕塑艺术的独特风格。线雕是雕塑艺术的手法之一。在我国，线雕

陶器

最开始是在骨头上进行的，现在保存得最
早的线雕就是骨器线雕。

陶雕是在烧制之前在陶坯未干时，用
尖刃的石、骨、木工具划出阴线图像或图
案。在共四期出土的文物中，第一期中出
土的器表刻有两组图案，其中一组中间似
禾苗纹，两旁像鱼纹，另外一组中间刻有
抽象性图案，该图案弯如弓形，下方刻有
双重圆圈纹，两旁的图案则象鸟纹。这个
陶盆上的两组图案是经过精心设计安排
的，表明了河姆渡先民的聪明才智。还有
圆形长方形钵，器表两面各刻猪纹图像，

双鸟朝阳牙雕

长长的嘴，短短的尾巴，瘦小的腿，腹部刻双重圆圈纹。线条流畅，形象逼真。

除此之外，还有骨、牙雕，由于人们大量地食用肉食动物，随之而来的是带来了大量兽骨，河姆渡遗留的骨器要比之前发掘的遗址都要多，由于骨头的软硬度适中，它的

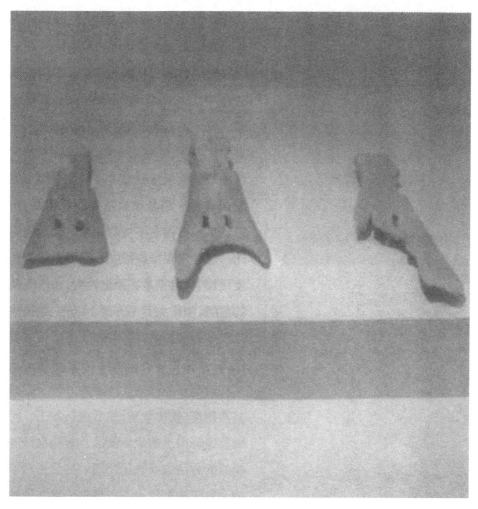

河姆渡时期骨器

外形又很容易被利用，所以大部分的骨器都被制造成生产工具和生活用具，而很少被作为雕刻艺术品。它们的制作必须经过选料、裁割、砍削成型、磨制及雕刻等繁杂工序。

从动物遗骸中得知，亚洲象当时也在遗址周围出没，象牙的外形和质地具有比

兽型雕塑

较讨人喜欢的特点，因此，先民一般都用象牙来制作装饰品，雕刻象牙，用象牙来制成普通器物的比较少。在河姆渡遗址中出土的象牙制品达二十五件之多，象牙器具最开始出现在河姆渡第一期文化中，距今有七千年，是我国目前发现的最早的象牙制品，在遗址中出土的象牙器几乎都是雕刻精美的艺术品，所以就很难有固定不变的造型，由于象牙比一般骨料要坚硬得多，裁制和雕刻难度比较大，特别是在原始社会，由于工具的简陋，制作尤其不方便。以前，某些少数民族也在极其简陋的环境下制作象牙制品。所采用的方法就是，在进行雕刻之前一般都要经过酸性溶液的处理，以减弱其硬度，软化象牙，然后进行加工。河姆渡遗址出土的象牙制品，可能也经过类似的方法进行软化处理，然后进行雕刻。象牙雕刻技术是一项难度很高的技术，在七千年后的今天看来，这些雕刻艺术品仍然具有不朽的艺术魅力。可以想象在那么原始的状态下，如果没有高超的生产技术，没有训练有素的工匠，这些艺术品是很难制作出来的，而且当时，还是一个没有金属工具的时代，要制作一件象牙制品是何等的困难，所以就需要付出更多的时间和精力。

出土的象牙主要有蝶形器、鸟形器等，其中蝶形器共有 15 件，制作得都很精细，颜色也比较柔和。

河姆渡先民制作这些精美的艺术品，并不是给一般人享用的，很可能是供给氏族首领使用的，或者是用于宗教祭祀的，又或者是图腾崇拜。

此外，还有木雕艺术品，木头作为造型艺术的一种材料，用途是比较窄的。尽管木材容易加工，但是也有明显的不足，由于木头的颜色以及光泽度不是很吸引人，并且容易腐烂，所以在河姆渡遗址中出土的木头器物是比较少的，其中出土的

生殖崇拜

河姆渡文化的原始艺术

木蝶形木器稍多，圆雕木鱼仅出土一两件。

木蝶形木器，多用硬木雕刻，形状扁薄，工艺比较精湛，不加文饰。从考古发掘中见到两种形态，一种对称且两翼较宽、另一种两翼不对称。

圆雕木鱼，整体很像真实的鱼，这可能与鱼和祖先之间密切的关系有关。

史前先民的陶、骨、牙、木雕艺术作品反映出先民的艺术加工是来源于生活的，在这些艺术品上雕刻的基本都是动物或植物的抽象形态，这主要是因为处在野蛮时期河姆渡先民平日里接触最多、最熟悉的事情就是这些动植物，是这些动植物为先民的生产、生活增添了乐趣。

骨雕

（二）陶塑及彩陶艺术

带三角支架的陶釜

　　"塑"是人类制造工艺的一种手法，早在史前时期，我国的先民就已经掌握了这种技术，并且不断地完善，在河姆渡文化遗址中出土了一些陶塑作品，可以看出此时期我国的陶塑已经很成熟了。陶塑最初只是在器物的表面做出一些线纹，之后逐步发展，进而到器物局部立体的捏塑，用这些捏出来的形状，充当器物的耳朵、把手或盖子，这些盖子、把手、耳朵的形状多是鸟、兽的形状。在河姆渡遗址出土的一个陶器的盖子，就塑造成了动物的形

五叶纹陶块

象。随着塑造技术的提高，先民开始制造整体的动物形象，而不再局限于器物的一部分是动物形象了，在遗址中出土的猪形陶塑突出了家猪丰满圆润的体态，并且抓住家猪嘴部较短、前后肢粗壮、腹部下垂等体型特征加以表现，其体态特征明显区别于野猪的形态，形象非常可爱，憨态可掬，让人爱不释手。通过这个陶塑作品也反映出河姆渡地区先民已经饲养家猪很长时间了。狗形陶塑体态浑圆肥胖，形象生动。陶塑鱼塑造得也是非常的逼真，鱼身上的鱼鳞都塑造得非常形象，意在表现鱼的游动状态。除了塑造动物之外，还有对人物和人面部的塑造。在遗址中出土的一个人首塑，前额突出、塌鼻梁、宽嘴、长方形脸。通过简单的捏塑，将河姆渡先民的脸部特征完整地体现出来。除了塑造单一的动物或人物之外，河姆渡遗址中还出土了堆塑，也就是一群动物的陶塑，其中最典型的就是塑造了一对展翅翱翔的飞燕形态。

河姆渡遗址出土的陶塑作品有形象生动、外型美观的特点，但是也有其不足之处，大部分的陶塑体型比较小，并不纯粹是"塑"成的，而是在捏塑完之后，再进行修磨的，也经过了适当的刻划。这也是在新文化时期出土的陶塑作品中普遍存在

鱼形木器柄

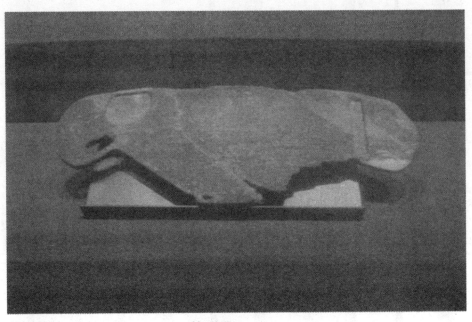

木胎漆器

的不足。

除了陶雕、陶塑之外，还有彩陶。彩陶是以彩绘作为装饰的陶器，在已成形的陶坯上，用不同的材料绘画，然后烧成，色彩不容易脱落。我国已发现最早的就是河姆渡文化彩陶，但是仅有零星发现。彩陶由于器物的造型多样、图案花纹优美、色彩鲜艳，成为我国最重要的一种原始艺术。

（三）原始的漆器

我国漆器制作工艺的历史非常悠久，在我国出土的大量遗址中均有发现，其中也包含河姆渡遗址。1978 年在河姆渡遗址中出土了距今已有六七千年的一件朱漆碗，是中国

河姆渡出土的
朱漆碗

已知最早的漆器。这个碗呈椭圆形，造型美观，内外有薄薄的一层朱红色涂料，由于年代久远，已经脱落得比较严重，没有什么光泽。通过科学家的测定，确定木碗上的涂料为生漆。

在中国古代，漆器的制作分为生漆和熟漆两种。生漆又称"土漆""天然漆""国漆"或"大漆"，它是切割漆树的皮之后流出来的一种乳白色液体。一旦接触空气便转为褐色，数小时后水分蒸发硬化而生成漆皮。生漆具有耐腐、耐磨、耐酸、耐溶剂、耐热、隔水和绝缘性好、富有光泽等特性。如果在生漆中添加颜料，就形成

猪首形陶釜支架

了有色漆。生漆是我国特种林产品，历史悠久。而熟漆是指经过日照、搅拌，掺入桐油氧化后的生漆。在河姆渡遗址先民生活时期，村庄南面的四明山中曾有大片的漆树生长。同时，气候对于漆器的制作也有很大的关系。这是因为生漆需要在比较温暖、潮湿的条件下，不易出现裂痕，而且有光泽、硬度较好。在六七千年前河姆渡的气候和湿度正好适合漆器的生产。

漆器具有很多优点，例如耐腐蚀性强、外观华丽鲜艳、基本上不会污染食物。正是由于以上的这些优点，漆器才从古至今一直被人类作为饮食器具。后来随着漆器生产的发展，漆器的使用范围才更加广泛。

（四）原始的音乐艺术

人类的各种生命的本能是与生俱来的，像视觉、听觉、触觉、味觉等，人们在大饱眼福、口服的同时，也不会让耳朵闲着的。尽管不知道我国最早的音乐是在什么时间什么地点起源的，但是在渔猎的时候人们已经会用口技来模仿动物的声音了。在考古发现中，出土最早的乐器是骨笛，出土地点是在河南舞阳的贾湖遗址，距今已经有八千多年，并且已经表现出来比较高超的制作工艺，所以我们可以推算出，音乐萌芽的产生有可能达一万年。

河姆渡骨笛

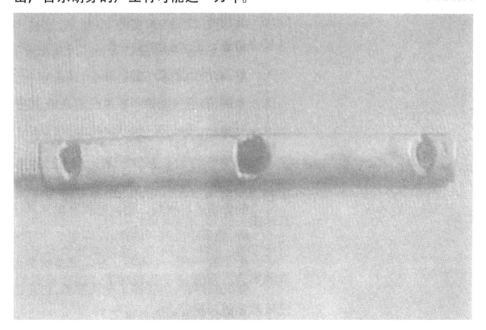

陶埙

在河姆渡遗址中出土了打击、吹奏乐器：木筒形器、骨哨和陶埙。木筒形器，共出土27件，长度约30厘米，直径10厘米左右，形状像竹管，内外壁光滑平整，有的内壁多一周凸状物，或是塞一个木饼，有的表面刷一层黑色的涂料。它有可能是一种在祭祀活动中烘托气氛的打击乐器。在考古发掘中出土了保存完好的160多件骨哨。现代的演奏家用仿制的骨哨进行表演，确实能吹奏出悦耳动听、模拟动物叫声的声音。在遗址中还出土了唯一的一件陶埙，可以试着吹奏出低沉的声音，尽管样子比较难看，但应该是现代乐器埙的鼻祖了。

七、河姆渡先民的生活

河姆渡遗址

（一）新石器时代母系氏族公社的代表

河姆渡文化遗址是我国新石器时代出土的文化遗存，处在母系氏族公社时期。什么是氏族公社，为什么氏族公社又分为母系氏族公社和父系氏族公社呢？

氏族公社是指按血统关系组成的比较固定的集团。同一氏族的成员都是亲属，由共同的祖先繁衍下来。一个氏族大约有几十个人，他们过着集体的生活，共同和大自然作斗争。氏族公社分为母系氏族公社和父系氏族公社两个时期。

母系氏族公社是以母亲的血缘关系结成的原始社会的基本单位。它是在血缘家族进一步发展、逐步形成氏族的基础上产生的，是世界各民族普遍经历的阶段。母系氏族公社大约产生于旧石器时代晚期，到新石器时代达到繁盛，并开始逐步为父系氏族公社所取代。

　　在母系氏族公社中，妇女们在生产和生活中起着主导作用。世系按母亲计算，实行母系继承制。孩子们只知其母，不知其父。妇女在氏族公社中居于支配地位，除了管理氏族公社内部事务外，妇女主要从事采集和原始农业，使生活的供给比较稳定。男子则主要从事狩猎。母系氏族公社的最高权力机构是议事会，由全体成年妇女和男子参加，享有平等的表决权。

　　每个母系氏族公社都有自己的名称、墓地，在社会生活中，崇敬共同的神祇或图腾。在婚姻关系上，禁止族内群婚，必须同别的氏族公社实行族外群婚。在氏族公社里，除了成员个人日常使用的工具外，土地、房屋、牲畜等都归氏族公社所有。氏族成员共同劳动，共同消费，没有贵贱贫富之分，过着平等的生活。

河姆渡遗址

河姆渡先民的生活

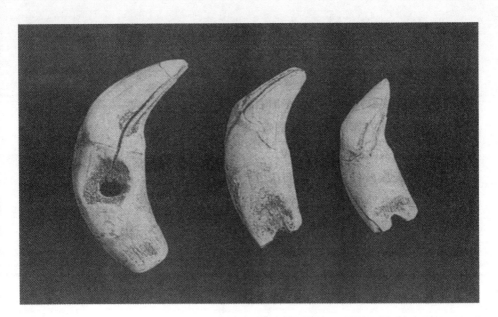

山顶洞人距今已有
一万八千年

母系氏族制度的基本特征：第一，世系按母亲的血缘计算。第二，妇女在生产、生活中起主导作用，她们既是生活的组织者，又是氏族的管理者。第三，财产属公社所有，没有贵贱贫富之分，没有阶级区别。第四，具有共同的居住区。

其中最具有代表性的是山顶洞人，距今有一万八千年。还有就是河姆渡文化，距今有七千年左右。也就是从此时期，我国进入到新石器时代，此外母系氏族公社另外的一个代表是仰韶文化，距今大约有五千多年，这个文化是属于母系氏族公社繁荣时期的文化遗址。

父系氏族公社是以男子为中心的大家

河姆渡遗址

河姆渡人生活
场景

族，男子支配生产、生活和公共事务，氏族首领由成年男子担任。世系按父系计算，财产由子女继承，男子是家庭和社会的核心，有权支配家庭的财产，并支配家庭的成员，妻子从夫居住。出现的社会原因在于妇女被排除在社会生产之外，身强力壮的男子转入农牧业和手工业等生产性经济领域，成为社会生产的主要力量，取得支配生活资料的权利，并将个人的生活资料首先转化为私有财产，进而产生了将财产传给子女的需要和实践。这一历史进程最终以男子娶妻，建立一夫一妻制家庭的形式得以完成。随着人口的不断增加，往往分化为若干个父系家庭公社，仍实行生产

河姆渡文化的牛头

资料的共有制，但范围大大缩小。当一夫一妻制个体家庭开始独立生产和生活时，家庭成为社会生产、生活的基本单位，氏族制度走到了历史的尽头。父系氏族公社存在的时间，一般认为在新石器时代的后期和青铜时代的初期。

之所以认为河姆渡文化属于母系氏族公社时期，主要是因为河姆渡文化所处的年代。距今 4000 至 7000 年，恰值我国从旧石器时代向新石器时代过渡时期，也就是属于母系氏族公社时期。此外，在河姆渡遗址中出土的墓葬中可以看出，女性的地位要比男性的地位高。

（二）河姆渡先民的生活习俗

河姆渡文化时期，聪明的河姆渡先民在日常的农业生产过程中逐渐掌握了动植物繁殖的知识，通过种植水稻、饲养家畜等方式依靠自己的劳动来增加天然的产品，找到了稳定可靠的衣食来源，摆脱了完全依赖大自然馈赠的被动的局面。因此，这个时候种植水稻成为主要的农业生产方式，驯养猪、狗、牛只算是副业。此时期的河姆渡先民还经常从事渔猎和采集。属于家里供应和野外收获相结合。在人们的餐桌上，除了主食之外，还有丰盛的美味佳肴：家养牲畜的肉、渔猎来的兽肉（梅花鹿、麋鹿、水鹿等）、野禽肉（雁、鸭等鸟类）、水生动物肉（鱼类、龟、鳖、蚌）、可食用的野生植物（如槐树子、菱角、菌类和海藻类）等。除了野生采摘的植物之外，还有人工养殖的植物，例如葫芦、薏苡（多年生草本植物，茎直立，叶子针形，果实卵形，灰白色）等。河姆渡人已经能使用熟食，并且以熟食为主，动物肉食或植物大多是经过烧煮之后再食用的。食用

菱角

河姆渡先民的生活

河姆渡人已懂得燧
火烧烤肉类

熟食必须要用到火，那么我国的先民是什么
时候开始使用火来烧制食物的呢？火又是怎
样被发现的呢？

很久很久以前，人们大都以生肉、生的
植物为食，从不知道火是什么东西。其实火
不是人发明的，是先于人存在的，但人类用
火却经历了一个很漫长的过程，依据科学家
的推测，是在一次雷雨过后，人们到着过火
的地方去寻找食物，发现被火烧死的野羊吃
进来味道非常鲜美，就想把未熄灭的火种带
回山洞，但由于他们不知道怎样保护火种，
火很快就熄灭了。

此外，关于火的发现，还有一个神奇的
传说，有一个叫燧人氏的人用两根木头制造
工具时，发现两块木头磨擦后，木头发出了

河姆渡遗址

浓浓的烟，并燃着了周围的干草。燧人氏感到十分高兴，连忙把这种方法保存了下来。从此以后，每当火种熄灭时，燧人氏便用两根木头磨擦，制造火种，人们慢慢地也就开始吃熟食了。这就是有名的燧人氏取火的传说。燧人氏部落的年代约五万至十万年前，此时期是属于我国远古社会的旧石器时代。

人工取火是一个了不起的发明。从那时候起，人们就随时可以吃到烧熟的东西，而且食物的品种也增加了。据说，燧人氏还教人捕鱼。原来像鱼、鳖、蚌、蛤一类的东西，生时有腥臊味不能吃，有了取火

钻木取火

河姆渡先民的生活

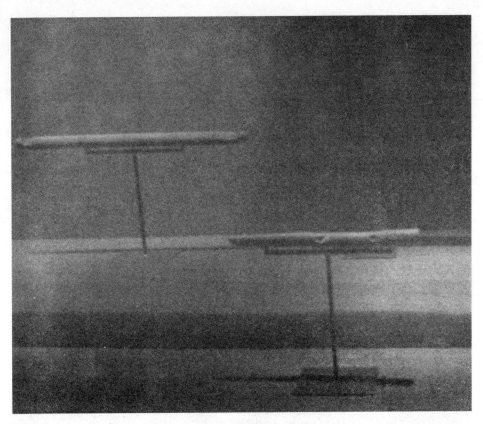

纺织工具

办法，就可以烧熟来吃了。食用熟的食物，就能够增强人的体魄，也就增强了人类抵御疾病和自然灾害侵袭的能力，同时还能延长人的寿命。因此，取火方法的发明有着重要的意义。

以后，点火工具又不断得到更新。先是火石打火，随后又发明了火柴，进而又发明了电子打火，人们用火越来越方便了。

除了食物之外，就是衣服，虽然从河姆渡遗址中没有出土过有关衣服的文物，但是

纺织工具

却有很多间接的证据。在河姆渡遗址中发现了很多各种材料制成的纺轮，有陶制的、石制的和木制的，而且数量还不少。这些纺轮的出土表明当时的人类已经会纺纱织布了。还发现了原始织机上的一些零部件和大量的骨针，应该是缝制皮衣或布衣的主要工具。这些间接的发现材料表明河姆渡人已经能利用动物的毛和植物的纤维纺纱织布做衣服了。在河姆渡出土的某些陶制器皿上还刻有蚕纹，这表明河姆渡先民已经掌握了养蚕缫丝（把蚕茧用开水浸泡，抽出的蚕丝）的生产技术了。

河姆渡先民居住的房屋是建在高出地面之上的干栏式房屋。是用立起来的木桩作为房屋的底架，再在这个木桩上铺上地板，在地板上建立起"人"字形的房顶，在房顶上盖上茅草，在茅草屋中，上边住人，下边养家畜，如，猪、狗、羊等。由于房屋建在离地面有一定距离的高度，所以古代先民要想进到屋子里面就需要借助一定的工具，这种工具就是今天也很常见的梯子。

前面我们介绍了河姆渡人的衣、食、住，下面我们来介绍一下"行"，在那样极其原

河姆渡房屋复原图

河姆渡遗址

始的社会人们有什么样的交通工具呢？在河姆渡遗址中，共发现了八个木桨，这表明当时的人们已经有水上交通工具了。河姆渡先民可以在水中自由活动。由于河姆渡遗址所处的地理位置是湖泊沼泽比较多的地方，据科学家推测，在七千多年前的河姆渡地区气候条件比现在还要湿润，河流也更加的多，为了能够获得水中的动植物，先民们发明了水上交通工具，采摘水生的植物的茎、果实、根等，还有就是捕捉鱼和鳖。这些水生动植物丰富了先民们的"餐桌"，使河姆渡人的饮食品种更加多样。由于水生动植物中含有陆地上生长

骨耜是河姆渡人的主要农耕工具

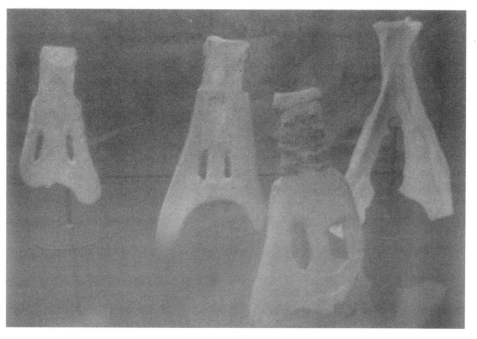

的动植物所没有的营养元素，所以水生动植物的食用也就增强了人的体魄，有利于人类的发展。

生老病死是人间常事，那是不是在史前社会人类得病之后，就是等着死呢？其实不是这样的，聪明的河姆渡先民在生产实践以及野外采集中，也逐渐地发现了一些植物具有止血或止痛的作用，还有一些植物的味道能够驱除蚊虫。具有这种功效的有樟树、枫香树、槐树的叶子、根、果实等。

爱美之心人皆有之，遥远的河姆渡先民也不例外，河姆渡先民也注重装饰，和其他史前社会的先民一样喜爱打扮自己，装饰的

饰物

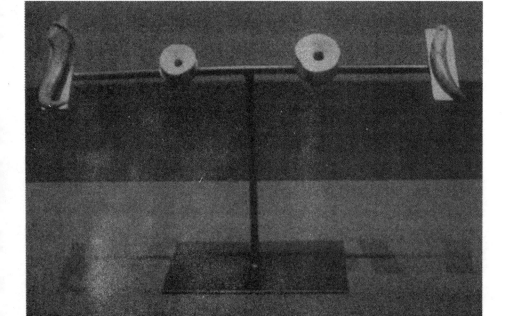

河姆渡遗址

西安半坡文化遗址

部位有耳朵、颈部，装饰的物品主要是珠、璜、管以及牙饰（一般是用象牙制成的装饰品）。

（三）对比半坡先民的生活

河姆渡文化时期，在我国的北方也出土了一个具有重要历史意义的半坡文化遗址，半坡文化遗址是黄河流域一处典型的新石器时代母系氏族部落遗址，距今5600—6700年之间。半坡遗址在1953年春，发现于陕西省西安市东六公里处的半坡村，因此而得名。由于两个史前文化遗

半坡遗址出土了很多小房子

址距今时间基本相同，两者一定会有很大的相同点，但是又由于两处的地理位置不同，一个在我国的东南沿海，一个在我国大西北，一定会有很多不同之处。

　　首先让我们来了解一下两者的相同点，两个文化遗址都处于我国母系氏族公社时期，在半坡文化遗址中，出土了很多个小房子，里面住着过婚姻生活的妇女以及来访的其他氏族的男子，当然，也会有男女相对稳定的对偶婚，但绝不是后来的一夫一妻制，依然依附于母系大家庭内，子女只知其母，不知其父。最受尊重的"老祖母"或另外多族的首领住在大屋子里，同时也是老年、孩

河姆渡遗址

子的集体住所。

此外，两者还都处于新石器时代，新旧石器时代是这样区分的，旧石器时代的标志是旧石器，旧石器的制作方法是用另一块石头砸打，砸出锋利的薄刃，用来切割兽肉、兽皮或制作武器等，其主要特征是：第一，工具用途没有真正分化，一件有着薄刃的工具，可以用来刮削，也可切割、钻凿；第二，工具形制没有统一，打制出的石器什么形状都有，没有按照用途统一样式；第三，使用时不经第二次加工，任选一片就使用。新石器时代的标志是新

新石器时期石器

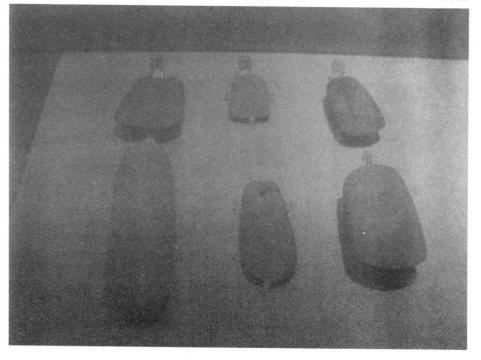

河姆渡先民的生活

炭化米粒

石器，新石器和旧石器的差别在于，工具是凿磨而成的，这样制作出来的工具比较精致，用途也分化了，同类石器的形制呈现出明显的统一性。有的新石器还安上木柄，钻孔穿绳。

由于两处文化遗址所处地理位置的差异，造成两者有很多不同之处。

河姆渡文化遗址地处南方温暖湿润的地区，首先在居住条件上采用的是有利于通风和去除潮湿的木栏式建筑形式，这也是我国最早的木栏式建筑。由于河姆渡遗址处于低位地势，人们学会了挖井，懂得人工取水的方法。

而与之处于同一个时期的位于黄河流域的半坡文化遗址，由于处于我国西北地区，气候干旱，比较寒冷，所以当时的先民居住在半地穴式的房子里，屋子的形状有方形和圆形的，屋内有灶坑，供炊煮和取暖用。以小屋居多，大屋仅一座，位于中央，小屋围大屋而筑。这种环形分布明显地体现着团结向心的一种原则和一种精神。屋内都埋有一个或两个深腹罐，是用来做饭用的灶膛，并且具备储存火种的功能。

从饮食的角度来说，由于南方气候多雨

水适合水稻的种植，河姆渡先民主要是以大米为主食，这点通过河姆渡考古发掘出的很多已经变质了的稻谷可以知道。河姆渡稻谷的发现也说明了我国是最早种植水稻的国家之一。河姆渡人的副食也是非常丰富的，由于其地理位置依山邻湖，这其中就蕴藏着大量可供先民食用的美味。陆生的像鹿、野猪、兔子等野味，水生的像鱼、鳖等，植物品种就更加丰富了，如橡子、菱角、山桃、酸枣等。

半坡先民的食物种类也非常丰富，他们的主食是粟（俗称谷子），我国是最早栽培粟的国家，做成粮食就是俗称的小米。我国既是最早种植水稻的国家之一，又是最早种植粟的国家，可以说我国是当之无愧的世界上农业发展较早

西安半坡遗址出土的粟

河姆渡先民的生活

的国家之一。半坡先民的副食品种类也相当丰富，有鱼、肉、蔬菜等。

从工具方面看半坡居民比河姆渡居民进步，他们已普遍使用磨制石器、木器、骨器，从半坡遗址出土的器物看，有许多石或骨的箭头，这说明他们已开始使用弓箭，还有石球石矛。半坡人已大量使用石铲、石斧、石锄、砍伐器等生产工具，进入了较发达的原始农业阶段。他们用石斧、砍伐器砍倒

半坡遗址出土的瓮棺

河姆渡遗址

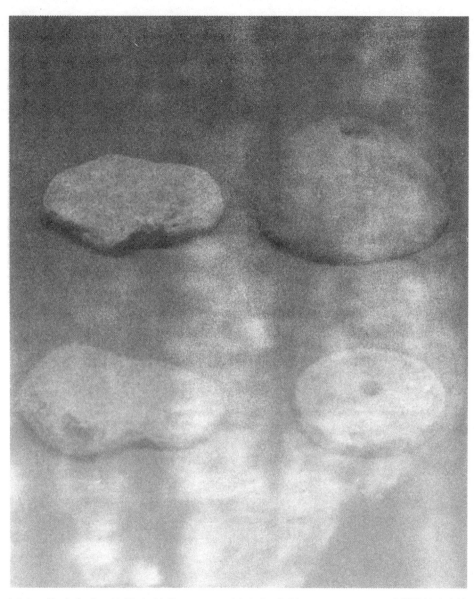

半坡遗址出土的
石器

树木, 芟除杂草, 并放火焚烧, 再用石铲翻掘土地,
石锄和尖木棒挖穴点种, 最后, 用石镰或陶镰收
获, 食用时用石磨盘、石磨棒脱皮碾碎。这些都
说明半坡人使用石器、木器等要比河姆渡人普遍。

河姆渡文化是我国历史
宝库中的宝贵遗产

　　不同的地域造就了不同的文化遗迹，但无论是南方还是北方，他们都是我国历史宝库中的宝贵遗产，是先民留给我们后人的宝贵财富，值得我们去好好珍惜。

河姆渡遗址